MephistO
Dominik Schober

ICH

Vorwort

Ich möchte das Vorwort mit einem Zitat beginnen, das auf mich passt wie kein anderes.

„Ja, ich schreibe, weil ich sonst sterben müsste"
        Stephan
Weidner

Genau so ergeht es mir, ich schreibe weil ich muss. Ich sehe darin keinerlei Zwang, es ist einfach so, das ich Gedanken die sich in mich setzen, wieder raus müssen. Ich habe mit dem Schreiben von Geschichten schon als Schulkind angefangen. Lyrics oder Songtexte schreibe ich erst seit 2005. So was zu schreiben war schon weitvorher eine Idee von mir, nur wusste ich nie wie ich es anstellen sollte. Ein einschlagendes Erlebnis in meinem Mallorca Urlaub 2005 hat dann den entscheidenden Schalter umgeworfen. Seit dem Texte ich, immer wenn ich meine Emotionen nach außen bringen muss. So sind seitdem diverse Texte entstanden und ich dachte mir, bevor sie verstauben und sie keiner zu Gesicht bekommt, versuche ich mich mal an so einem Band. Die Texte die ich schreibe sind teilweise sehr persönlich und tragen viel von mir in sich daher zensieren ich nicht. So wie ich es fühle, denke und sage schreibe ich es auf. Selbstkritik ist für mich sehr wichtig, daher ist es teilweise schwer meine Texte hervorzuheben, eine Erklärung hab ich dafür nicht.

Ich möchte auch schon mal vorne Weg ein paar Menschen danken die mir in meinem Leben bereits sehr geholfen haben und die eine große Rolle spielen. Zum einen ist da meine Familie, die mir immer mit Rat und Tat zur Seite steht. Mein Vater, meine Mutter, Nicole, Vanessa und Christina. Und zu guter letzt Christian, der für mich wie ein Bruder ist und der engste Freund ist den ich habe. Danke dafür, mehr dazu wird es in der Danksagung geben. Vielen Dank das Sie ein Exemplar erworben haben, das ehrt mich sehr und nun hoffe ich das Sie viel Spass beim Lesen haben und mit mir gemeinsam in eine andere Welt tauchen wollen.

Für Dich

Für dich geh ich über Leichen
Für dich werd ich jedem weichen.
Für dich geh ich 1000 Meilen
Für dich werd ich an deiner Welt feilen.

Keine Falsche Bescheidenheit,
bist du für mich bereit?
Ich werde dein Ego stärken,
so gut du wirst es schon merken!
Das Verhältnis zwischen uns wird sich bessern,
ich und du,
wir schwimmen in verschiedenen Gewässern.
Ich singe dieses Lied bis es jeder rafft,
mir bedeute sie sehr viel, unsere Freundschaft.

Für dich geh ich über Leichen
Für dich werd ich jedem weichen.
Für dich geh ich 1000 Meilen
Für dich werd ich an deiner Welt feilen.

Ich genieße deine Nähe,
es ist die besondere Atmosphäre!
Ich kann es nicht mehr unterdrücken,
ich starre auf Dein Rücken.
Jetzt weißt auch Du bescheid,
es tut mir wirklich leid.
Aber die Gefühle lassen sich nicht steuern,
dafür musst du mich schon feuern.
Sei nicht so bescheiden,
oder willst du dass wir leiden?
Also komm schon her,
und dann lieben wir uns sehr!!!!!

Für dich geh ich über Leichen
Für dich werd ich jedem weichen.
Für dich geh ich 1000 Meilen
Für dich werd ich an deiner Welt feilen.

Wir sind zu zweit,
doch sind wir soweit?
Fragen über Fragen,
was können wir wagen.

Gemütlichkeit
bis in alle Ewigkeit

Für dich geh ich über Leichen
Für dich werd ich jedem weichen.
Für dich geh ich 1000 Meilen
Für dich werd ich am deiner Welt feilen.

Den Anfang macht jetzt „Für Dich". Das Leben ist schön, wenn alles perfekt ist auch wenn es meistens nur den Anschein dazu hat. Freundschaft ist das Wichtigste im Leben. Wer eine gute Freundschaft findet hat Glück, doch wer eine Freundschaft findet die bis in die Ewigkeit hält dann ist das wie ein 6er im Lotto. Freunde tun alles füreinander. Beschütze deinen Freund, beschütze ihn vor dem Gefahren die die Welt inne hat. Bastelt gemeinsam an eurer Freundschaft und verändert die Welt auf eure Art und Weise. Das ist das Schöne, jede Freundschaft ist darauf aufgebaut das man sich alles sagen kann, das man mit dem anderen leidet, weint oder lacht. Immer da zu sein wenn derjenige dich braucht ist eine Kunst die jede Freundschaft hat. Jede Freundschaft ist anders, anders als die von deinen Nachbarn oder von deinem Arbeitskollegen. Jeder geht anders in eine Freundschaft, was ist Freundschaft für euch? Fragt doch einfach mal aus Neugier nach, es ist ja keine böse Absicht dahinter. Du wirst schnell merken dass die „Anderen" anders ticken als du. Freu dich darüber einzigartig zu sein und genieße es so viel in eine Freundschaft zu stecken. Aber bedenke immer, es ist nicht nur einen Nehmen sondern auch ein Geben. Die Balance zu finden ist schwer und glaubt mir es fordert ein bisschen harte Arbeit. Man muss auch selber zurückstecken um eine Basis zu haben, aber sobald das erste Zahnrad läuft und ins andere greift passiert euch, dir und keiner anderen Freundschaft nichts mehr. Streit kommt vor, vergesst doch nicht die Wurzeln eurer Freundschaft. Jeder Streit kann ausgeräumt werden und dann könnt ihr wieder gemeinsam alles teilen, was eure Freundschaft so einzigartig macht. Freundschaften sind das, was das Leben lebenswert macht, denn ohne Freunde wäre die Welt um einiges dunkler, trüber und regnerischer. Genießt es jede Sekunde, immer und immer wieder. Ihr seit Freunde, sagt euch das ab und zu.

So ein Leben

Ich sitze hier-
-und denke nach, über mein bisheriges Leben!
und frage mich, was werde ich noch erleben?
Liebe, Wut und Hass
das ist krass!
Ich mach mir Gedanken übers nehmen und geben,
das ist das wichtigste in einem Leben.

So ein Leben-
-wird es nie wieder geben
So ein leben-
-ich fühle wie mein Herz beginnt zu beben
So ein Leben, wie ich es besitze-
-von ganz unten ging es hoch zur Spitze
Im Gleichgewicht meines Sein,
es ist der Ehrgeiz in mir, immer Sieger zu sein!

Ob Krankenbett, Gipsbein oder Krücken,
das sind wenige, von meinen Lücken!
Ich stand immer wieder auf,
Kletterte zur Spitze des Berges rauf
Schmerz, Trauer, Emotionen
Sie blieben in mir wohnen
ich bin so lange heiß - bis ich weiß-
wie es weiter geht - in meinem Leben!

So ein Leben-
-wird es nie wieder geben
So ein leben-
-ich fühle wie mein Herz beginnt zu beben
So ein Leben, wie ich es besitze-
-von ganz unten ging es hoch zur Spitze
Im Gleichgewicht meines Sein,
es ist der Ehrgeiz in mir, immer Sieger zu sein!

Wie oft ist man verzweifelt? Ich kann aus eigener Erfahrung sprechen, dass mein Leben aufregend ist und war. Ich bin anders als die die sonst da draußen herumlaufen. Schnell erkannte ich es, auch wenn ich meine Probleme hatte, das ich trotzallem der bin der ich sein will und wollte. Einzigartig wie jeder andere Mensch auf der Erde. Die Welt ist, hart genug und keiner weiß seine Einzigartigkeit zu schätzen, das finde ich traurig. Jeder Mensch ist was besonderes, das macht das Leben doch so spannend oder nicht? Selbst zwei völlig verschiedene Menschen können zueinander finden und am Ende glücklich werden. Deine persönliche Geschichte ist spannender als ein James Bond Film. Mach was draus und liebe es wie es ist. Du kannst es nicht ändern, denn zwanghafte Veränderungen landen oftmals da wo die Müllabfuhr den Müllcontainer ausleert. Menschen denen du wichtig bist, lieben dich so wie du bist und ich sag dir, es ist das Beste was dir passieren kann. Ich persönlich lag 1996 lange im Krankenhaus, ich will nicht auf die Tränendrüse drücken, aber da hab ich gemerkt was es bedeutet anders zu sein als die anderen. Sicherlich ging es anderen damals noch viel Schlimmer als mir aber das war für mich nicht relevant. Ich war 11 Jahre alt und da denkt man nicht daran, dass es anderen, die genauso wie ich einzigartig sind, noch beschissener geht als mir. Aber es war die Phase meines Lebens in der ich realisierte das ich anders bin. Es dauerte nicht lang und ich konnte mich mit allen Umständen die ich empfunden habe abfinden. Es war eine große Erleichterung für mich und ich glaube auch für die die mir nahe stehen und standen. Daher sollte jeder registrieren das er einzigartig ist und genauso was besonderes. So ein Leben wird es nie wieder geben, das steht fest. Du bist einzigartig.

Kyoto

Schaut mal aus dem Fenster!
Vor euch liegt sie, eure Welt,
und da gibt es viel, was eim nicht gefällt!
die Umweltprobleme steigen und steigen
schaut endlich hin und hört auf zu schweigen!
Tut nicht so ihr erkennt es doch,
es wird immer größer, das Ozonloch!

Es ist noch nicht zu spät,
öffnet eure Augen
Das Problem liegt vor euch!
Und niemand findet's toll
es gibt nicht umsonst das Kyoto-Protokoll
wir sollten alle daran denken
und unser Tun besser Lenken.
sonst wird's uns irgendwann noch blüh'n
und dann sind unsere Bäume nicht mehr grün!

Könnt ihrs nicht verstehen
wir wollen unsere gesunde Welt wiedersehen!
Es ist alles unsere Schuld!!!!
Wir müssen uns dafür verantworten,
doch die meisten gucken weg
und verkriechen sich in ihrem Versteck.
Die Erde ist am Arsch,
nur keiner kapiert,
doch sie sind die ersten die schreien
wenn die Erde vibriert!
damit es endlich fruchtet:
eins, zwei, drei
Stoppt dem Ausstoß von CO_2!!!

Es ist noch nicht zu spät,
öffnet eure Augen
Das Problem liegt vor euch!
Und niemand findet's toll
es gibt nicht umsonst das Kyoto-Protokoll
wir sollten alle daran denken
und unser Tun besser Lenken.
sonst wird's uns irgendwann noch blüh'n
und dann sind unsere Bäume nicht mehr grün!

Die Erde ist unsere Mutter,
sie gibt uns unser Futter.
doch was machen wir,
wir sättigen nur unsere Gier!
Wir müssen sie hegen und pflegen,
und sollten stolz sein, auf ihr zu leben!!!

Die Welt ist im Wandel und keiner registriert es. Das Thema Umwelt beschäftigt mich schon sehr und deshalb hoff ich das „Kyoto" von vielen gelesen wird. Die Welt auf der wir Leben wird täglich aufs schlimmste verunstaltet und misshandelt. Doch keiner macht den Mund auf und sagt klipp und klar was zu tun ist. Ich bin ja schon froh wenn das Thema endlich öfters im Fokus steht und das ist ja glückerweise auch in letzter Zeit der Fall. Dennoch sollte darauf weiterhin aufmerksam gemacht werden und wenn nicht über Nachrichten dann eben anders. Ich denke dass der Mensch noch viel mehr machen kann als nur Mülltrennung. Es ist nicht viel, aber das Leben wird nicht leichter, wenn Mutter Erde vor lauter Verschmutzung in die Ecke kotzt. Ich schließe mich da ein, auch ich denke nicht 24 Stunden am Tag an die kaputte Umwelt. Aber dennoch sollte der Fokus darauf stehen. Nicht täglich über Geld jammern und sich fragen. „Bin ich schon wieder fetter geworden?" Das alles spielt keine Rolle, wenn die Welt zu Grunde geht, durch die Verunreinigung. Aber ich will nicht mit dem Finger auf die Menschheit zeigen, oder hab ich das schon, ich will aufmerksam machen. Deine Welt = Unsere Welt, Kämpfen lohnt sich, damit die Welt wieder etwas grüner wird. Also lass das Auto stehen und geht zu Fuß oder steigt in die U Bahn. Kann doch so schwer nicht sein oder? Schon die kleinen Dinge verändern die Welt.

Verwahrlost

Die Zeiten haben sich geändert,
die Erde dreht sich weiter,
immer im Kreis!
Immer wenn ich Zeitung les,
dann seh ich den Scheiß!
Die Verlockung des Bösen,
es gibt Probleme,
die kann man nicht lösen.
Kinder sollten vernünftig bleiben,
und heute wird gelernt es zu treiben.
Redet man nicht mit,
gibts nen Arschtritt.
Die Folge ist Ignoranz,
Für ne Clique bläst man lieber nen Schwanz!!!!!

Seht ihr die Probleme in unserem Land?
Ist euch das Thema noch nicht bekannt?
Mit harmlosen Pornos fängt es an,
und dann vögelt sich die Jungend durchs Land.
Sexuelle Probleme, beginnen in jeder Klasse
Es sind Triebe, das beschäftigt eine Masse.
wenn es so weiter geht,
dann Prost,
die Kids von heute sind, sexuell verwahrlost!!

Inspiriert von schlimmen Liedern
spielen Jungs mit ihren Gliedern.
Porno, das ist heute Lifestyle,
Sie fahren zum ficken in den Wald.
sie finden das geil.
Bald gibt es ein großes Geschepper,
schuld daran,
ist Sido der Porno-Rapper.
Sänger die Frauen verachten,
und auf andere Qualen achten.
Gewaltexzesse ist ihre Einnahmequelle,
wer nicht spurt, bekommt die Schelle,
Sido sorgt für eine Schmach,
und alle Affen machen nach.

Seht ihr die Probleme in unserem Land?
Ist euch das Thema noch nicht bekannt?
Mit harmlosen Pornos fängt es an,
und dann vögelt sich die Jungend durchs Land.
Sexuelle Probleme, beginnen in jeder Klasse
Es sind Triebe, das beschäftigt eine Masse.
wenn es so weiter geht,
dann Prost,
die Kids von heute sind, sexuell verwahrlost!!

Frühgereifte Libido,
Sex und Gewalt,
die Erfahrung von Bushido.
Die nepperschlepperschlechten Rapper geben keine
ruh,
hört nicht hin und haltet eure Ohren zu.
Ohne sie beginnt euer Leben,
es kann euch soviel geben.
das schönste auf der Welt,
ist zu hassen was eim nicht gefällt!

Seht ihr die Probleme in unserem Land?
Ist euch das Thema noch nicht bekannt?
Mit harmlosen Pornos fängt es an,
und dann vögelt sich die Jungend durchs Land.
Sexuelle Probleme, beginnen in jeder Klasse
Es sind Triebe, das beschäftigt eine Masse.
wenn es so weiter geht,
dann Prost,
die Kids von heute sind, sexuell verwahrlost!!

Nach dem Weltthema nun ein Thema das mir seit an Beginn der Zeit auf der Seele brennt. Seitdem diese Musikrichtung (ich nenn es mal Musik) auf dem Markt weitverbreitet ist wehre ich mich dagegen nur eine einzige Zeile zu hören. Ich kann die Kritiker verstehen die es nicht für gut heißen, das die Kinder damit konfrontiert werden sollen. Ich habe mit dem Song natürlich tief gegriffen, um aufzuzeigen das da was nicht rund läuft. Die Kids von heute werden doch durch sowas auf eine fiese Art und Weise manipuliert. Aber gut, über Geschmack lässt sich sicher streiten und ich habe ihn nicht geschrieben, weil ich ein Gegner dieser Musik bin, sondern weil ich finde das die Jugend von heute besseres verdient hat als das was sie auf die Ohren bekommen. Wenn ich im Internet lese das jemand was anderes hört als die Allgemeinheit, dann freu ich mich als wenn meine Fußball Mannschaft den Titel gewinnt. Das es das noch gibt. Überall sehe ich es an den Litfasssäulen. Mir war es ein Bedürfnis das einmal auszudrücken und die harte Wortwahl ist definitiv so gewollt, anders kann ich es nicht schreiben. Dennoch zwinge ich niemanden meine Meinung auf, lest es, denkt einfach drüber nach und wenn sich jemand ernsthaft Gedanken darüber macht dann bin ich zufrieden. Wer der Meinung ist, diese Musik zu hören dann soll er das tun.

Afrika

Die Sonne knallt auf unser Haupt,
doch wer ist es, der an unserm Leben schraubt?
Politiker können es nicht wissen,
sie sind es die auf unsere Ehre pissen.
Seid ihr krank?
oder denkt ihr nicht?
Wer entscheidet über euer wohl,
bestimmt kein Gericht!
Ihr seit Marionetten
politische Geiseln legt sie in Ketten.

Die Erde dreht sich weiter,
doch leider nicht in Afrika!
Die Entwicklung da stagniert,
was wäre wenn euch sowas passiert?
Kämpft ihr um euer Leben?
werden sie noch lange leben?
Die Erde dreht sich weiter,
doch leider nicht in Afrika!
Am Ende der langen Not,
steht der Tot!

Es führt kein Weg zurück,
Warum haben diese Menschen nicht auch Glück?
Ich werde für sie kämpfen.
Ich kämpfe für ne bessere Welt,
in Afrika,
Dieses Land hat es verdient,
auf der Agenda zu steh'n.
Sie müssen eine Chance kriegen,
damit auch dieses Land lernt zu siegen.

Die Erde dreht sich weiter,
doch leider nicht in Afrika!
Die Entwicklung da stagniert,
was wäre wenn euch sowas passiert?
Kämpft ihr um euer Leben?
werden sie noch lange leben?
Die Erde dreht sich weiter,
doch leider nicht in Afrika!
Am Ende der langen Not,
steht der Tot!

Menschen die auf die Hilfe von anderen angewiesen sind, sind sicherlich nicht zu beneiden. Sie brauchen aber dennoch unsere Hilfe. Im Falle von Afrika ist ein ganzer Kontinent betroffen von diversen Problemen. Diesen Text möchte ich allen Menschen die unter schlechten Umständen leiden widmen. Mir wäre es wichtig das den Leuten noch besser geholfen wird UNICEF, SOS-Kinderdorf und andere Organisationen machen ja schon sehr viel und die Arbeit sollte auch dementsprechend gewürdigt werden, anstatt die Leute zu erwähnen die ihre Geldbeutel jede Sekunde in den Händen halten und sie weiterhin füllen. Jeden Tag sterben Menschen auf dem Kontinent, an was auch immer. AIDS, oder Wassermangel sind nur zwei von Zahlreichen Krankheiten die auftreten und dort untern schwer zu behandeln sind. Was kann den Menschen helfen? Wer Geld spendet, tut etwas Gutes. Doch auch das wird nicht mehr und kaum einer kann es sich leisten, so sehr man will, Geld für solche Organisation zu spenden, um den Menschen zu helfen. Es muss anders gehen, doch wie kann ich auch nicht sagen. Ich weiß nur dass ich beeindruckt bin und ergriffen von den Dingen die ich gelesen und gesehen habe. Von der Art Text hab ich noch andere geschrieben, die es sicher nicht alle hier rein schaffen. Aber ich beschäftige mich damit und das werde ich auch weiterhin tun und solange ich mich damit beschäftige, werden weiterhin solche Texte entstehen.

Der feste Glaube

Stärke deine Willenskraft,
ich weiß wie man's schafft.
Komme an ein Punkt,
an dem du erkennst,
das es nichts bringt wenn du wegrennst!

Der feste Glaube,
lässt uns oft verzweifeln.
Der Glaube versetzt oft Berge,
was tut er wenn ich sterbe?
Der Glaube kann mal wichtig sein,
komm er und wirf den ersten Stein!

Suche nicht nach dem Glauben,
du wirst ihn nicht finden,
verschließe deine Augen.
Dann lebst du länger,
ich bin kein Glaubensfänger!

Der feste Glaube,
lässt uns oft verzweifeln.
Der Glaube versetzt oft Berge,
was tut er wenn ich sterbe?
Der Glaube kann mal wichtig sein,
komm er und wirf den ersten Stein!

Sehen heißt Glaube,
Glauben heißt Sehen,
Glaub an dich,
oder du kannst geh'n.
Das muss man doch versteh'n.

Der feste Glaube,
lässt uns oft verzweifeln.
Der Glaube versetzt oft Berge,
was tut er wenn ich sterbe?
Der Glaube kann mal wichtig sein,
komm er und wirf den ersten Stein!

Glauben heißt sehen, sehen heißt glauben. Wer tief in sich rein hört weiß, wird sie kennen. Die kleine Stimme, die man öfters hört. Es ist nicht der Mann im Ohr, es ist der Glaube der uns hilft, tagtäglich. Ich spreche nicht von dem Glauben an Gott oder an eine andere Religion, sondern ich meine den Glauben an sich selbst. Nur wer das tut, kann was erreichen in seinem Leben. An sich glauben und Ziele erreichen. Einfache Mathematik, die ohne Taschenrechner lösbar ist. Sicher ist es einfacher gesagt als getan, aber ihr könnt mir glauben es ist so. Wer an sich glaubt, zu 100% der kann alles erreichen was man nur will. Man muss eben nur an sich glauben. Ich bin kein Fan von Psychologie aber das ist eine Sache mit der ich konform bin. Ich habe auch nicht immer an mich selbst geglaubt, hab sogar eine Zeit gedacht dass es arrogant und eingebildet wirkt. Aber das ist Schwachsinn. Glaubst du an dich und an die dir folgen oder dich begleiten dann kann dir nichts passieren. Erfolg hängt von dem Glauben an sich selbst ab. Immer wieder zu dir selber stehen ist schwer aber machbar, wer das einmal packt hat die Aufgabe gelöst und kann optimistisch in die Zukunft starten.

Amoklauf

Gibt fein acht,
jetzt kommt meine große Schlacht.
Es ist die Gier die mich treibt.
In mir regiert die grenzenlose Wut!
Niemand versteht mich.
das ist gut!!!
Der Gürtel ist geschnallt,
Es dauert nicht mehr lange bis es knallt!
Ich bin bereit,
Zieht euch warm an, es ist an der Zeit!
Euer Schicksal liegt in meiner Hand,
wenn ich fertig bin, steck ich euch in Brand!

Ich trete durch die Tür,
und frage nicht wofür?
Ich ziehe meine Waffe,
Ihr wisst dass ich es schaffe,
Meine Kugel wird fliegen,
und sie wird in deinem Körper liegen.
Ich steh im Blut,
ihr nehmt euren Hut!
ihr könnt ihn nicht verstecken.
Denn in euren Köpfen werden heiße Kugeln stecken.

Das Leiden hat ein Ende,
ich schaff allein die Wende.
Der Strick um meinen Hals,
wird enger und enger,
und die Aktion dauert,
länger und länger.
Opfer wird es geben,
ich werd meine Waffe heben.
Noch ein allerletztes Mal,
erklingt ein lauter Knall.
Am Ende trete ich ins Licht.
Meine letzten Worte:
Morden lohnt sich nicht!!!!

Ich trete durch die Tür,
und frage nicht wofür?
Ich ziehe meine Waffe,
Ihr wisst dass ich es schaffe,
Meine Kugel wird fliegen,
und sie wird in deinem Körper liegen.
Ich steh im Blut,
ihr nehmt euren Hut!
ihr könnt ihn nicht verstecken.
Denn in euren Köpfen werden heiße Kugeln stecken.

Steck die Waffe weg, möchte man sagen wenn man von solchen Schreckensmeldungen liest oder sie im Fernsehen sieht. Immer wieder stell ich mir die Frage wie es zu solchen Katastrophen kommt. Mich beschäftigen solche Dinge einfach und sie werden mich mein Leben lang beschäftigen, ob das gut oder schlecht ist sei erstmal dahingestellt. Fakt ist das wir von solchen Katastrophen gehört haben und sicherlich leider immer wieder hören werden. Doch was denkt so ein Mensch der sich selbst richtet? Ist eine Verzweiflungstat oder ist es ein Hilferuf? Die Ich-Form ist bewusst gewählt, weil ich versucht habe das aus der Sicht eines Selbstmörders zu schildern. Es ist sicherlich eines meiner schwierigsten Texte gewesen. Aber davon gibt es noch ein oder zwei andere. Ich kann mit solchen Meldungen nur schwer umgehen, das klingt vielleicht verrückt aber jeder nimmt seine Umwelt anders auf. Mir geht es so und ich bin stolz drauf. Gleichzeitig möchte ich den Leuten zeigen das es wichtig ist sich nicht zu verschanzen und sein Leben dahin zu fristen. Hört auf die Stimmen um euch herum und nehmt sie war und denkt nicht nur an den Abzug den ihr betätigen wollt. So beschissen ihr euer Leben findet, es gibt Menschen die helfen können und wollen. Gebt euer Leben nicht so einfach auf, kämpft, zieht euch aus eurer Krise. Glaubt an euch.

Ich bin der Größte

Ja, Ja, Ja, Ja
es war doch Sonnenklar,
aber ihr wusstet es sicher schon.
Ich bin als Held geboren,
und das ist noch nicht mal gelogen.

Jetzt feier ich meine eigene Party,
die anderen interessieren mich nicht,
macht doch was ihr wollt,
ich guck euch eh nicht ins Gesicht,
denn ihr seit nicht ganz Dicht.

Jetzt hört alle her,
ich hab euch was zu sagen,
haltet die Klappe,
und stellt keine blöden Fragen.

Ich bin der Größte - ich schau auf euch herab
Ich bin der Größte - ich schaufel euer Grab
Ich bin der Größte - jetzt seht es endlich ein
Ich bin der Größte - niemand kann gegen mich ein
Gewinner sein!!

Ihr seid die Loser dieser Erde,
es ist schon komisch,
das ich immer Sieger werde!
Ihr habt keine andere Wahl,
ich bin eure größte Qual.
Mein Leben hat die Welt bereichert,
Nur meine Feinde sind nicht begeistert.
Ich spiel ein Spiel,
ein Spiel nach meiner Regel.
Doch irgendwann streich auch ich die Segel.
Am Ende meiner Zeit,
ist es soweit,
euch was zu beichten.
Jetzt hört alle her,
ich hab euch was zu sagen,
haltet die Klappe,
und stellt keine blöden Fragen.

Ich bin der Größte - ich schau auf eiche herab
Ich bin der Größte - ich schaufel euer Grab
Ich bin der Größte - jetzt seht es endlich ein
Ich bin der Größte - niemand kann gegen mich ein
Gewinner sein!!

Ich renne gegen einen Baum,
aus der Traum!!!!

Ich bin der Größte
Ich bin der Größte
Ich bin der Größte
Ich bin aufgewacht!

Ach ist das schön in seinem eigenen Saft zu leben und sich darin zu wälzen. Jeder hat eine Phase in seinem Leben in der er davon ausgeht, der Beste, Geilste und Unschlagbarste zu sein. Doch jeder der diese Phase hatte weiß auch das man schnell wieder auf den Boden der Tatsachen kommt. Aber dennoch ist so eine Phase auch notwendig um im Leben voran zu kommen, wer diese ICH Phase übersteht, dann kann er jede überstehen. Wichtig ist das man auch daraus seine Lehren zieht. Nur wer von sich selbst überzeugt ist wird seinen Weg gehen können, doch ist es ein schmaler Grad auf dem man wandert, es kann jederzeit zum Absturz führen. Jeder Mensch braucht diese Phase und er muss auch auf die Fresse fallen, um es mal salopp zu sagen. Nur aus Fehlern und Überheblichkeit kann man Dinge lernen die einem das Leben aus einer anderen Sicht präsentieren. Was dann jeder daraus macht ist natürlich von jedem individuell abhängig. Fakt ist das so eine Phase, wie ich sie selbst hatte, irgendwann vorüber geht.

Verbale Inkontinenz

Es platzt aus mir raus,
aufs Papier,
wäre ich sonst hier?
Ich sage was ich denke,
zu jeder Zeit,
öffnet sich mein Mund ganz weit.
Und dann spuck ich sie aus,
die Worte meines Geistes,
sie müssen einfach raus.
Ich halte niemals meinen Mund,
und tue es jedem kund.

Es ist die verbale Inkontinenz,
die mich niemals bremst.
Es sind harte Worte,
doch sie sind mein,
diese Phrasendreschereien.
Die Worte sind mein Leben,
und niemand wird sie mir nehmen.

Wie ich seh,
tun meine Worte manchmal weh.
Doch so ist das Leben,
es kann nicht immer nur Freunde geben.
Mit Freundlichkeit erreichst du nichts,
im Gegenteil,
man spuckt dir sogar noch ins Gesicht.
Für die Ehrlichkeit,
oder ging ich zu weit?
Diese Frage ist keine für mich,
Liebt oder hasst mich!!

Es ist die verbale Inkontinenz,
die mich niemals bremst.
Es sind harte Worte,
doch sie sind mein,
diese Phrasendreschereien.
Die Worte sind mein Leben,
und niemand wird sie mir nehmen.

Seht ihr nur die Sinnlosigkeiten?
Denkt ihr ich will schlechtes verbreiten?
Seht es so wie ihr wollt,
Schweigen ist Silber,
Reden ist Gold.

Es ist die verbale Inkontinenz,
die mich niemals bremst.
Es sind harte Worte,
doch sie sind mein,
diese Phrasendreschereien.
Die Worte sind mein Leben,
und niemand wird sie mir nehmen.

Das ist ein schönes Thema. Ich liebe es mit Worten zu jonglieren und daraus Verse zu basteln. Für mich ist das mal ein leichter und mal ein schwerer Prozess. Ich schreibe das was ich denke und ich sage das was ich denke. Nicht immer ein Vorteil, aber immer noch besser als alles in sich hinein zu fressen. Ich hab es mal „verbale Inkontinenz" genannt, weil ich die Begriffe schön fand und es einfach auf mich und ich denke auch auf viele andere Passt. Jeder hat schon mal etwas gesagt was er nicht so gemeint hat und genau das ist das Hauptthema in diesem Text. Wir sagen, bereuen und vertragen uns wieder. So kann es sein, nein, so muss es sein. Doch gibt es auch ab und zu Ausnahmen. Dinge die im Raum stehen, sind nicht immer wieder auszubügeln. Das ist sicherlich nicht schön und angenehm für alle Beteiligten, aber es ist besser als wenn es ungesagt bleibt und alles so ist, wie es ist. Wenn ich den Text als Ganzes betrachte, dann finde ich das es sicher ein paar gibt die sich damit identifizieren können. Wer hat so ein kleines Problem nicht? Schweigen ist Silber, reden ist Gold!

Sie lebt weiter

Was hat das Leben für einen Sinn??
Wenn Menschen gehen,
die Dir nahe steh'n?
Ohne Dich zu fragen, verlassen sie Dich
Und ich frage mich, wieso geh ich nicht?

Sie war immer für mich da
Ich fand immer bei ihr halt
In meiner Dunkelheit
Mir war kalt!!
Nun weilt sie nicht mehr unter uns
Es tut so weh

Die Angst vorm Sterben steckt tief in mir
Ich seh' dem Tot ins Gesicht, ich seh' seine Gier

Sie lebt weiter – in meinem Herz
Sei lebt weiter – auch wenn es schmerzt
Sie lebt weiter tief in mir
Sie war immer für mich da
In schweren und in leichten Tagen
Deshalb will ich noch mal „Danke" sagen!

Meine Tränen laufen in Bächen
Es ist hart, aber ich kann mich nicht rächen
Sie gab – und heute steh ich vor ihrem Grab!!!
Eine Nelke in der linken
Beginn in die Vergangenheit zu winken!!

Die Angst vorm Sterben steckt tief in mir
Ich seh' dem Tot ins Gesicht, ich seh' seine Gier

Sie lebt weiter – in meinem Herz
Sei lebt weiter – auch wenn es schmerzt
Sie lebt weiter tief in mir
Sie war immer für mich da
In schweren und in leichten Tagen
Deshalb will ich noch mal „Danke" sagen!

Schwer für mich das Geschehene in Worte zu fassen, es ist bereits 9 Jahre her, als meine Großmutter starb. Das ganze zu verarbeiten, ist die größte Herausforderung gewesen und sie ist es heute teilweise auch noch. Dennoch sagt der Text eine Menge aus. So geht es vielen, denen ein liebgewonnener Mensch stirbt. So ist das Leben, hart und manchmal ungerecht. Der Text soll den Menschen helfen mit dem Tot klarzukommen und sich nicht in ewige Trauer vertiefen. Ich bin kein Therapeut und ich will es auch nicht sein. Wenn sich andere durch die Zeilen angesprochen fühlen, dann freu ich mich. Es ist nie einfach mit dem Tot umzugehen. Jeder muss sich selbst eine eigene Meinung darüber bilden. Nur so kann man den Gedanken fassen und ihn verarbeiten. Leben und Sterben gehören zum Leben dazu, so hart das auch für jeden ist. Deshalb sollte man jede Sekunde genießen, denn wer regelmäßig Nachrichten schaut weiß, das es schnell gehen kann. Seht den Tot nicht ins Gesicht, schaut in den Spiegel und sagt euch. „Mensch ich pack das! Jede Krise öffnet irgendwo eine Tür in der neue Hoffnung lauert!"

Pädophil

Ich hasse diese Subjekte
die sich Kinder greifen!
Und ihnen die Seele abstreifen!
Sie fügen ihnen Schmerzen zu
niemand hört sie schreien
los steht auf und stellt den Parasiten ein Bein!

Pädophil ist nicht mein Stil
Pädophil ist nicht mein Stil
Parasiten die sich an Kinder schmiegen,
sollten in Gräbern liegen!!!

Diese Kannibalen,
müssen für ihre Taten zahlen
doch Gefängnis reicht nicht aus,
pustet ihnen die Hirne raus!
Auf diese perversen Schweine, hab ich keinen Bock
sperrt sie weg, sonst lauf ich Amok

Pädophil ist nicht mein Stil
Pädophil ist nicht mein Stil
Parasiten die sich an Kinder schmiegen,
sollten in Gräbern liegen!!!

Kinderficker laufen durch die Stadt,
jeder kann es sein, macht sie alle platt!

Pädophil ist nicht mein Stil
Pädophil ist nicht mein Stil
Parasiten die sich an Kinder schmiegen,
sollten in Gräbern liegen!!!

Schwerer Tabak. Mein allererster Text den ich geschrieben habe und dann so einer. Ich weiß schwer vorstellbar, aber diese Thematik hat in mir den kreativen Schalter umgelegt. Es war Juli 2005, ich war gerade mit meinem Kumpel auf Mallorca. Wir wollten auf eine Strandparty gehen und im Hotel liefen die Nachrichten, während wir uns umzogen. Ein Mann misshandelte ein Mädchen und brachte es um. Ich hab geschluckt, aber nicht weiter drüber nachgedacht. Als die Party dann stieg und der Alkohol floss, wurde ich immer ruhiger und mein Kopf klarer denn je. Als ich dann ins Hotel torkelte, konnte ich nicht schlafen. Ich musste Kugelschreiber und Papier heraus holen und los ging es. Am nächsten Morgen, mit nüchternem Kopf das noch mal durchgelesen und zu mir selbst gesagt: „Das ist es. So kann ich mich ausdrücken!" So ist es passiert. Zum Thema selbst möchte ich mich nicht wirklich äußern, wir alle wissen wie schlimm es ist wenn so etwas passiert und man wünscht keinem so ein Schicksalsschlag. Der Text ist sicherlich hart aber wie soll man das auch anders schreiben? Ich hoffe das man sich und seine Kinder vor solchen kranken Tieren (was sie in meinen Augen sind) schützt und das die Regierung hinter den Opfern steht.

Anonym

Ich will alleine sein
und mich zurückziehen
kein Mensch darf an mich heran,
doch irgendwann
stell ich mich gegen die Arroganz
dieser Welt-
-die mir nicht gefällt!
Doch ich bin einsam
und froh
und mein Herz brennt Lichterloh!!

Ich hab kein Pseudonym
ich bin kein Synonym
ich bin voll mit Adrenalin
ich trinke Terpentin
Ich will nur eins sein - Anonym!!

Anonymität ist Herr meiner Seele
Er ist der Kloß in meiner Kehle!
Doch mein sehnlichster Wunsch,
ist Einsamkeit
ich bin bereit!!
mit dieser Welt abzuschließen,
doch alles ohne Blut vergießen!!
Seelenruhig und allein in meinem Zimmer
betätige ich den Dimmer!
Um das Licht zu löschen...

Ich hab kein Pseudonym
ich bin kein Synonym
ich bin voll mit Adrenalin
ich trinke Terpentin
Ich will nur eins sein - Anonym!!

Ich bin Anonym
Ich bleib Anonym
Ich bleib so wie ich bin
denn ändern hat doch keinen Sinn

Ich hab kein Pseudonym
ich bin kein Synonym
ich bin voll mit Adrenalin
ich trinke Terpentin
Ich will nur eins sein - Anonym!!

Anonymität ist die Geheimhaltung der Identität einer Person. So steht es im Fremdwörterbuch. Ich finde es aufregend sich zurückzuziehen und sich nur um sich selbst zu kümmern. Wer nicht? Doch wer kann das schon machen. Ich versuche es ein –bis zweimal im Jahr das zu tun. Einfach nur ICH und mein ICH. Mein allerbester Freund. Die Gedanken, die einen durch den Kopf gehen und dir das Hirn zermartern, sind unerträglich. Einen Rückzugsort ist sicher auch die Familie, denen man alles erzählen kann, aber was ist wenn es nichts zu erzählen gibt? Was ist wenn man einfach nur mal ein paar Tage für sich sein will und abgeschieden von allen sein will? Ist das schwer zu verstehen? Ich finde nicht, aber die Meinungen sind ja verschieden. Ich treffe Menschen denen die anderen um ihn herum wichtiger sind als er selbst. An und für sich habe ich nichts dagegen, geht mir auch so. Aber es ist auch wichtig an sich zu denken und genau das ist in dem Text und in meinem Dasein eine ganz wichtige und entscheidende Rolle.

Mainstream

Fühlst du es auch?
Ich kann es nicht mehr hören,
schwimmst im selben Strom,
lass dich dabei nicht stören.
Ich ertrag den Scheiß nicht länger,
doch du stolzierst arrogant und aggressiv,
und achtest auf die Worte des Sängers.
Denk nach und geh bald pennen,
und spar die deine Aphorismen.

Bist du dafür,
bin ich dagegen.
Schwimmst du mit dem Strom,
steh ich im Regen.
Ich werde niemals niederknien,
vor dem Mainstream.

Ich beobachte die Welt,
genau und sehe Dinge,
so absonderlich und unreal.
Scheißegal!!!
Ich versteh die Welt nicht mehr,
ist das Laben echt so schwer?
Schwimmt doch einfach gegen den Strom,
ich bilde von dir einen perfekten Klon.
Komm und bestaun diese Pracht,
und dann bekämpfen wir unsere Zwietracht.

Bist du dafür,
bin ich dagegen.
Schwimmst du mit dem Strom,
steh ich im Regen.
Ich werde niemals niederknien,
vor dem Mainstream.

Es ist dein Trott,
leb in deinen Komplott.
Engstirnige Paralyse,
bist dank dir ein Riese,
Sei du selbst,
finde dich,
und fasel nicht.

Bist du dafür,
bin ich dagegen.
Schwimmst du mit dem Strom,
steh ich im Regen.
Ich werde niemals niederknien,
vor dem Mainstream.

Ich weiß nicht ob die Leser es bis hierhin gemerkt haben, aber ich habe einen kleinen Drang zum rebellieren. Das kann man jetzt gut oder schlecht finden. Ich rufe nicht auf meinen Weg zu folgen. Jeder muss seinen Weg selber finden. Ich bin kein Fan vom Mainstream, generell finde ich es gut wenn sich Leute entscheiden NICHT mit dem Strom der Zeit zu schwimmen. Wer in der Masse schwimmt hat schon verloren. Die wahre Herausforderung ist es doch einzigartig zu sein und nicht wie die anderen. Egal ob es um Musikgeschmack, Schuhe oder was weiß ich geht. Wer anders ist als die Masse sticht hervor und das kann einen ganz feinen Reiz haben. Deshalb schwimme ich gegen den Strom, nicht um herauszuragen, sondern weil ich es so will und weil ich es gut finde. Ich muss nich auffallen, wer mich kennt weiß das ich dazu nichts machen muss. Jedenfalls denke ich würde es dem Land und den Menschen gut tun sich nicht immer an den Mainstream zu halten. Nicht das das jeder macht, aber einige schon und es werden täglich mehr. Was bringt einem der Mainstream? Gewinnt man damit an Erfahrung? Kommerz regiert die Welt und da mischt der Mainstream mächtig mit!

Du suchst in mir Dein Glück

Du hast gedacht,
ich hab noch nichts gemacht.
Du hast gebeichtet,
ich hab mein Denkmal errichtet.
Du hast gehofft,
doch dann haben wir uns gezofft!
Wir gaben uns hässliche Namen.
Du hast mein Gefühl nicht akzeptiert,
Ich hab Deine Gefühle eingefriert.
Und du hast mir doch nachgestiert!

Du suchst in mir Dein Glück,
und stück für stück
weise ich Dich zurück.
Es ist Deine Gier nach Einsamkeit,
denn sonst wärst Du nicht zum lieben bereit.
Du suchst in mir Dein Glück,
und stück für stück
fällst Du zurück!

Du hast verlor'n,
und hast mir Rache geschworen.
Du hast gelernt,
Ich hab mich von Dir entfernt.
Du hast abgeschlossen,
trotzdem sind 1000 Tränen geflossen.
Ich sag auf Wiedersehen.
und du wirst verstehen,
es wird Zeit,
das wir getrennte Wege geh'n

Du suchst in mir Dein Glück,
und stück für stück
weise ich Dich zurück.
Es ist Deine Gier nach Einsamkeit,
denn sonst wärst Du nicht zum lieben bereit.
Du suchst in mir Dein Glück,
und stück für stück
fällst Du zurück!

Du bist dran,
fang nochmal von vorne an.
Schnür neu Deine Weste,
ich kann's nicht länger unterdrücken,
ICH BIN DER BESTE

Du suchst in mir Dein Glück,
und stück für stück
weise ich Dich zurück.
Es ist Deine Gier nach Einsamkeit,
denn sonst wärst Du nicht zum lieben bereit.
Du suchst in mir Dein Glück,
und stück für stück
fällst Du zurück!

Ich bin kein Mensch der gerne Leute zurückweist, aber es geht manchmal nicht anders. In der Liebe passiert es täglich. Ein Korb zu bekommen ist für jeden unangenehm. Doch wie sagt man einem Menschen das man nichts für ihn empfindet? Ich tu mich da sehr schwer und „Du suchst in mir Dein Glück" basiert auf eine wahre Geschichte, wie alle meine Texte. Ich wusste nicht was ich machen sollte und am Ende hat das Thema mich nur noch genervt. Aber für diejenige war es sicherlich alles andere als schön. Sicher mit einem Hauch von Überheblichkeit aber es fällt nie aus dem Rahmen. Es ist sicherlich nicht gerade einfühlsam von mir das ganze so zu schreiben, aber es ging nicht anders. Ich wurde auch schon öfters zurückgewiesen und bin immer wieder aufgestanden und das soll man auch. Rückschläge sind normal, doch nur der der nicht wieder aufsteht suhlt sich am Ende in Selbstmitleid. Nur wenn man sich wieder aufrichtet und weiter seinen Weg geht wird man auch Erfolg haben. Man wird sich neu verlieben und dann werden die Karten neu gemischt und die Hoffnungen sind ganz neu. Körbe sind dazu da das man daraus lernt. Egal ob man einen Fehler gemacht hat oder nicht. Lerne aus deinen Rückschlägen und stürze dich ins nächste Abenteuer der Liebe.

Schönheitswahn

Du siehst in den Spiegel,
du verziehst dein Gesicht,
greift schockiert zum Schokoriegel.
Und verlierst kaum Gewicht.
Du denkst es ist soweit,
denn dein Arsch ist viel zu breit.
Und ist man schon dabei,
dann macht man seinen Bauch gleich frei.
Du bist ihm erlegen,
hast jetzt deinen Masterplan,
gegen deine Hässlichkeit,
der Schönheitswahn.

Ich spritz mir Botox in die Lippen,
da wird jeder Kerl ausflippen,
ich saug mir Fett aus meinem Bauch,
dann sieht es Brad Pitt auch.
Ich vergrößer mir die Brust,
mit doppel D hat jeder Lust.
Ich straffe meine Cellulite,
und gehör zur Schönheitselite.

Mit den Brüsten fängt es an,
zu groß, zu klein,
das ist nicht fein.
Doch es gibt in diesem Land,
einen Mann der hat ne stille Hand.
Hört mal her das ist kein Betrug,
ich rede von einem Intim-Schönheitschirurg.
Er richtet euch den Venushügel,
und noch andere Flügel.
Ihr schlagt hier große Wellen,
ich kann es nicht mehr hören,
ihr wollt eure Krankenkasse prellen.
Bleibt so wie ihr seit,
Scheiß auf Schönheitschirurgie!

Ich spritz mir Botox in die Lippen,
da wird jeder Kerl ausflippen,
ich saug mir Fett aus meinem Bauch,
dann sieht es Brad Pitt auch.
Ich vergrößer mir die Brust,
mit doppel D hat jeder Lust.
Ich straffe meine Cellulite,
und gehör zur Schönheitselite.

Wenn du es nicht kapierst,
und du daran irgendwann krepierst,
ist es zu spät.
Vielleicht hast du einen Sohn,
du passt nicht in den Sarg mit deinem Silikon.

Schönheitsoperationen werde ich niemals verstehen. Ich möchte natürlich sagen das auch Leute gibt denen Selbstwertgefühl nicht das Beste ist und es zu einer psychischen Belastung werden kann. Diese Leute kann ich verstehen, das sie sich unters Messer legen. Aber die anderen sind in meinen Augen völlig Realitätsfremd und nur auf das eine fixiert. SCHÖNHEIT. Ich glaube das diese Leute nicht wirklich wissen, was Schönheit ist. Männer die sich einen Waschbrettbauch machen lassen und Frauen die hin und wieder an ihren Brüsten herum operieren lassen. Das ist aber noch nicht alles. Man wird älter und einige haben panische Angst davor. Man sieht es täglich in der Zeitung, Frauen die sich mit Botox helfen lassen. Dann wird die Haut geliftet und schon sieht man mit 50 aus wie mit 25. Aber wieso das ganze? Nur weil man das Gefühl der Unsterblichkeit hat? Schwer vorstellbar, wie ich finde. Man sollte auch den Fehler vermeiden den Schuh der Schönheit-OPs nur den Frauen anzuziehen. Männer sind genauso komisch in der Sache. Mich hat dieses Thema einige Zeit keine Ruhe gelassen, da ich im Fernsehen auch die ein oder andere Dokumentation gesehen habe. Ich bin für die wahre Schönheit und die kommt nicht nur von Innen sondern die wahre Schönheit ist das was man ist von dem Tag der Geburt an.

Gib Dir Kraft

Dein Leben liegt in Scherben
und du fragst dich,
wieso darf ich nicht sterben?
Der Tot ist nur der Lohn für Dich,
Du bist alles andere als ein kleiner Fisch!
Das was du erreichst,
passt in keinen kleinen Teich!
Du hast jahrelang geschuftet
doch bekamst nie den Dank
Der Akku ist leer, es ist kein Sprit mehr im Tank!

Gib dir Kraft!
denn du weißt das Du es schaffst!
Gibt dir Kraft!
auch wenn ein anderer über dich lacht!
Gib dir Kraft!
nimm sie dir ohne Kompromiss
tu es,
und die anderen bekommen Schiss!

Du kannst alles schaffen
und nur du allein musst es raffen.
lass die anderen scheiße reden,
du bist stark genug,
und treibst deinen eigenen Unfug!
Du musst niemanden was beweisen,
Du kannst auf fremde Hilfe scheißen
Am Ende eines langen Weges,
siehst Du das Ende, ganz nah,
Wunderbar!
Und Du musst begreifen,
Du allein bist der Superstar!!

Gib dir Kraft!
denn du weißt das Du es schaffst!
Gibt dir Kraft!
auch wenn ein anderer über dich lacht!
Gib dir Kraft!
nimm sie dir ohne Kompromiss
tu es,
und die anderen bekommen Schiss!

Konkurrenzkampf regiert die Welt,
jeder muss selber wissen, wer, wem gefällt!

Gib dir Kraft!
denn du weißt das Du es schaffst!
Gibt dir Kraft!
auch wenn ein anderer über dich lacht!
Gib dir Kraft!
nimm sie dir ohne Kompromiss
tu es,
und die anderen bekommen Schiss!

„Gib Dir Kraft" soll Mut machen. Für alle die die sich schlecht fühlen und Denken, sie sind auf dieser Welt fehl am Platze. Falsch. Niemand ist fehl am Platz. Ein Tief oder eine Krise ist immer Mist und niemand wünscht sich so eine. Alle Menschen haben Stärken, sie müssen nur richtig eingesetzt werden. Selbst ist der Mann oder Frau. Aus seiner eigenen Kraft aus dem Vollen schöpfen ist wichtig. Wer sich aufgibt hat bereits verloren. Nur das Problem ist das man seine eigenen Kräfte und Stärken nicht kennt. Es ist wichtig sie zu kennen, dann kann man nämlich mit Rückschlägen besser umgehen als andere. Nach einem Strohhalm zu greifen bedeutet nach einem neuen Weg zu suchen. Verlass dich niemals auf andere, dann bist du verlassen. Rette dich indem du du selbst bleibst. Bewundere dich aber nie selbst, das hilft dir höchstens fünf Minuten. Finger aus dem Po gezogen und Action machen, klingt sicher einfacher gesagt als getan aber anders ist es nicht machbar.

Die Pille für den Mann

Es ist Samstagmittag,
die Glotze läuft.
Und deine Alte,
beschwert sich das du viel zu viel säufst.
Du gehst nicht drauf ein,
sie weiß das sie nichts verlangen kann,
Es geht um die Dosis für jeden Mann.

Die Pille für den Mann,
die ein so glücklich machen kann.
Die Pille für den Mann,
fängt jede Woche von vorne an.
Die Pille für den Mann,
ist für den der immer kann.

Jede fragt sich wieso?
Doch wir leben nun mal so.
Darauf steht ein jeder Mann,
der weiß Samstag ist mein Tag,
respektiert von den der mich kennt.
15:30 hol ich mir mein Medikament.
Wir sind da wo der Gegner brennt.

Die Pille für den Mann,
die ein so glücklich machen kann.
Die Pille für den Mann,
fängt jede Woche von vorne an.
Die Pille für den Mann,
ist für den der immer kann.

Mein Penicillin,
dein Aspirin.
Sie ist rund und wir brüllen im Chor,
wenn der Gegner nichts kann.
Holen wir uns,
die Pille für den Mann.

Die Pille für den Mann,
die ein so glücklich machen kann.
Die Pille für den Mann,
fängt jede Woche von vorne an.
Die Pille für den Mann,
ist für den der immer kann.

Fußball ist schon was Schönes. Jeder mit mir diese Leidenschaft teilt, weiß wovon ich rede. Es ist einfach faszinierend wie jedes zweite Wochenende Fas gemeinsam ins Stadion gehen um dort ihre Mannschaft anzufeuern. 60.000 Fans im Stadion, das ist einfach fantastisch. Wenn deine Mannschaft verliert stehst du trotzdem hinter ihr und wenn sie gewinnt dann feiert man im Stadion und auf dem Weg nach Hause eine fette Party. Fußball verbindet Menschen miteinander, es ist eine Sache die der Gemeinschaft extrem wichtig geworden ist. Friedlich feiern geht und das nicht zu knapp. Ich finde es immer wieder aufregend im Stadion zu sitzen und meine Mannschaft anzufeuern. Ein kühles Bier in der Hand und gemütlich seiner Mannschaft zuzusehen. Es ist jedes mal ein besonderes Erlebnis und einzigartig. Ich finde es schön wenn sich Frauen auch für Fußball begeistern können. Bei der WM und EM sieht man es ja ganz deutlich, da sind die Damen mit ganz vorne am feiern. Es ist auch nicht wichtig das sie ein Abseits erkennen können, es ist immer schön wenn Männer und Frauen was gemeinsam haben und wenn es sich um Fußball dreht dann ist das doch noch schöner oder?

Engel in Zivil

Ausgezogen bis auf die Haut,
es gibt nur wenige den man vertraut.
In der Heimat,
sieht man in uns nur den Kommerz,
doch wir retten Menschen,
und heilen Schmerz.
Wir wollen keine Helden sein,
das Leben ist kein Spiel,
sind wir die Engel in Zivil?

Komm und fall in meine Arme,
ich halt dich fest,
ich befrei Dich von der Pest.
Komm und fall in meine Arme,
ich rette Dich,
ich lass Dich nicht im Stich.

Ein dumpfer Schrei,
es ist vorbei.
Niemand wirft den ersten Stein,
ein Tritt auf die Miene,
sie entfernt Dir Dein Bein.
Doch wir geben Dir ne neue Chance,
Wir behandeln Dich in Trance.
Hört uns von München bis nach Kiel,
sind wir die Engel in Zivil?

Komm und fall in meine Arme,
ich halt dich fest,
ich befrei Dich von der Pest.
Komm und fall in meine Arme,
ich rette Dich,
ich lass Dich nicht im Stich.

Fall hin,
ich helf Dir auf,
Fall hin,
und beginn Deinen neuen Lauf.

Komm und fall in meine Arme,
ich halt dich fest,
ich befrei Dich von der Pest.
Komm und fall in meine Arme,
ich rette Dich,
ich lass Dich nicht im Stich.

Ich hatte es schon erwähnt, dass ich mich mit der Problematik in Afrika auseinandergesetzt habe und es weiterhin tun werde. Es geht hier jetzt nicht erstrangig um die Probleme, sondern um die die den Menschen dort helfen können. WIR. Engel in Zivil sind ganz schlicht und einfach wir. Geld alleine hilft nicht, es sind die Taten der Menschen die helfen. Geld ist nur eine Unterstützung, doch man muss das Hilfsmittel Geld richtig anwenden, sonst das Geld auch nichts machen. Wer ist für das Geld verantwortlich? Der Mensch. Fakt ist das man sich darüber Gedanken machen sollte bzw. muss, was dort in Afrika passiert. Tote, Krankheiten und leider vieles mehr. Jeder hier kann was dazu beitragen. Schon kleine Dinge können Veränderungen hervorrufen und daher denke ich stehen wir die Engel in Zivil in der Verantwortung um die Welt für die Menschen in Krisengebieten etwas angenehmer zu machen.

Größe zeigen

Man will immer gewinnen,
immer siegen,
doch wer bleibt zurück?
wer bleibt auf der Strecke liegen?
Die Verlierer werdens überleben,
sie brauchen nichts vergeben.
Als Sieger sollte man sich verneigen,
und auch dem Loser Größe zeigen!

Größe zeigen,
als Gewinner und Verlierer,
denn das sind die wahren Sieger!
Größe zeigen,
als erster und zweiter,
das Leben und die Spiele gehen weiter!
Größe zeigen!

Durch das Team gerät ein Ruck,
auch der Fan spürt den Druck.
Am Arsch bei Niederlagen,
bald kommen wieder bessere Tage.
Dann ist der Sieg wieder mein,
und ich kann wieder oben steh'n.
ohne mich zu verneigen,
dennoch kann ich Größe zeigen!

Größe zeigen,
als Gewinner und Verlierer,
denn das sind die wahren Sieger!
Größe zeigen,
als erster und zweiter,
das Leben und die Spiele gehen weiter!
Größe zeigen!

Uns erkennt man an den Stimmen,
womit wir den Thron erklimmen.
Und uns keine Niederlagen fingen,
könn wir dennoch nach ihnen singen.

Größe zeigen,
als Gewinner und Verlierer,
denn das sind die wahren Sieger!
Größe zeigen,
als erster und zweiter,
das Leben und die Spiele gehen weiter!
Größe zeigen!

Ein fairer Verliere ist ein guter Gewinner. Egal wo es ums Gewinnen und Verlieren geht, ein fairer Gewinner ist genauso wichtig wie ein fairer Verlierer. Beide Seiten haben alles gegeben um den Sieg davon zu tragen, aber am Ende kann es nur einen geben. Das macht den Sport generell so interessant, niemand möchte verlieren aber dennoch tut man es, egal wer es ist. Ein Gewinner kann seinem Gegner großen Respekt zollen, indem er Größe zeigt. Wichtig ist immer nur eins, und zwar sollte man sich als Sieger freuen doch nicht zu überheblich, um damit seinem Gegner nicht zu demütigen. Es ist nicht einfach, aber der wahre Sieger ist der der zu wissen weiß wie man sich dementsprechend verhält. Dennoch soll deshalb der Spaß an der Sache nicht geschmälert werden. Es ist aber nur Sport und das sollte jeder Wissen es gibt sicherlich wichtigeres im Leben als die Entscheidung zwischen Sieg und Niederlage.

Pass auf

Das Leben ist zu kurz,
um lange zu diskutieren,
wie man lebt.
Und tust du's mit 'nem grinsen ab,
hast du das schlimmste nie erlebt.

Pass auf,
was du isst.
Denn du vergisst,
das was du isst,
vergiftet ist.

Sie bestimmen dein Leben,
denn davon hängst du ab.
Trinke dich durch die Welt,
sonst bist es du der fällt.
Esse nur das was du kennst,
oder willst du,
das du innerlich verbrennst?

Pass auf,
was du isst.
Denn du vergisst,
das was du isst,
vergiftet ist.

Fressen, und fressen,
wir tun nichts anderes hier im Land.
Das ist überall bekannt!
Es ist unsere größte Not,
aus China kommt der Tot.

Pass auf,
was du isst.
Denn du vergisst,
das was du isst,
vergiftet ist.

Die Milchpulveraffäre aus China hat mir veranlasst diesen Text zu schreiben. Das Thema ist extrem wichtig und nachdem bekannt wurde, dass auch solche Produkte nach Deutschland exportiert wurden, ist es auch für unsere Kinder eine Gefahr. Kinder sind in China daran gestorben. Es zermarterte mir meinen Kopf und um dem Abhilfe zu schaffen hab ich es in diesem Text verarbeitet. Kurz und knapp auf den Punkt gebracht, das was ich vermitteln wollte, habe ich getan.

Schizophren

Ich höre tausend Stimmen,
sie schwirren in meinem Kopf.
Die Gedanken zertreten,
ich packe sie am Schopf.
Was hat das zu bedeuten,
Was soll das wieder heißen,
werd ich mich enthäuten,
oder auf die Stimmen scheißen.

Ich schaffe mir ein neues Ich,
und damit vernichte ich dich.
Nenn mich krank, irre oder dumm,
Mit meinem neuen Ich,
wird ein jeder sehen,
ich bin nicht krank,
ich bin Schizophren.

Mit diesem neuen Ich,
stolziere ich durch die Welt.
Und kreiere sie mir,
wie es mir gefällt.
Irgendwann kommt die Zeit,
an der ich mein zweites Ich vertreibe.
Ich werde es verzieren,
und mir ein neues Ich kreieren.

Ich schaffe mir ein neues Ich,
und damit vernichte ich dich.
Nenn mich krank, irre oder dumm,
Mit meinem neuen Ich,
wird ein jeder sehen,
ich bin nicht krank,
ich bin Schizophren.

Genügt dir dein Glaube?
Allein in dir zu sein,
glaub mir,
es ist der Dorn in deinem Auge.

Ich schaffe mir ein neues Ich,
und damit vernichte ich dich.
Nenn mich krank, irre oder dumm,
Mit meinem neuen Ich,
wird ein jeder sehen,
ich bin nicht krank,
ich bin Schizophren.

Es ist eigentlich eine Krankheit die nicht angenehm sein muss. Doch ich hatte einen anderen Grund diesen Text zu schreiben. Was passiert wenn man sich in Rollenspielen zu sehr in den Charakter, den man spielt hineinversetzt? Man verliert sich und denkt, dass er am Leben ist. Im Kopf existiert ein neues Ich und das neue Ich versucht langsam den rest des Kopfes und damit die Kontrolle zu übernehmen. Wieso passiert sowas? Ist es auf psychologische Labilität zurück zu führen oder ist es einfach nur Dummheit? Ich glaube und davon bin ich überzeugt, dass mir sowas nicht passieren kann. Ganz besonders bin ich auf den Satz „Es ist der Dorn in deinem Auge" ich habe ihn aufgeschnappt und musste ihn irgendwie verarbeiten.

Penetrant

Übe mich in Toleranz,
doch erfahre ich sie von euch?
Nein, von euch seh ich nur den Schwanz.
Wieso immer ich?
Warum muss ich nach euren Regeln spielen,
die die mit ihren Drogen dealen.
Toleranz wollt ihr verlangen,
solltet mal ne ruhige Kugel schieben,
Toleranz muss man sich verdienen.

Das einzige was ich erfand,
war etwas um der Welt zu zeigen,
das ich etwas bin: Penetrant.
Penetrant genug,
um meine Reden zu schwingen,
und mit euch diese Lieder zu singen.
Über Gott und die Welt,
bis sie fällt.

Ihr wisst genau wie ich bin,
jede Tür,
ist meine.
Da ich mich nie adrett kleide!
Penetrant,
egal wo ich bin.
Das ist mein Job,
meine Aufgabe in diesem Leben,
Es ist geben und nehmen.

Das einzige was ich erfand,
war etwas um der Welt zu zeigen,
das ich etwas bin: Penetrant.
Penetrant genug,
um meine Reden zu schwingen,
und mit euch diese Lieder zu singen.
Über Gott und die Welt,
bis sie fällt.

Ich weiß ihr hasst mich,
doch es kratzt mich nicht.
Das was ich tue,
tue ich aus Überzeugung.
Weil ich so bin,
penetrant bis zum Kinn!

Das einzige was ich erfand,
war etwas um der Welt zu zeigen,
das ich etwas bin: Penetrant.
Penetrant genug,
um meine Reden zu schwingen,
und mit euch diese Lieder zu singen.
Über Gott und die Welt,
bis sie fällt.

„Penetrant" ist einfach ein Text dafür was meine Texte eventuell hervorrufen könnten. Das was ich sage, sage ich direkt und manchen kann das penetrant vorkommen. Bitte. Mir ist es egal, ich finde es zeigt ganz deutlich, dass ich bin wie ich bin. Wer mich ändern will läuft gegen eine Wand, denn ich bin penetrant bis zum Rand!

Das Lied der toten Liebe

Es endet eine Phase,
eine Phase meines Lebens.
Ich klammerte mich an sie,
ich klammerte vergebens.
Will ich sie zurück?
Oder ist es besser so?
Was brauche ich zum Glück?
Ich wollt es so und bin nicht froh!

Vorbei und beendet,
vom Schicksal geblendet.
Verloren, vergessen,
der Stich hat gesessen.
Alles was ich kriege,
is das Lied der toten Liebe.
Alles was ich kriege,
ist das Lied der toten Liebe.

Ich blute,
denn der Verlust sitzt tief.
Komm ab von meiner Route,
der Schmerz zerreißt, das Blut es lief.
Ich kriege keine Luft,
mein Herz wurde mir gestohlen.
Ich steh zu meiner Trauerkluft,
mein Herz werde ich mir wiederholen.

Vorbei und beendet,
vom Schicksal geblendet.
Verloren, vergessen,
der Stich hat gesessen.
Alles was ich kriege,
is das Lied der toten Liebe.
Alles was ich kriege,
ist das Lied der toten Liebe.

Am Ende siegt die Trauer,
über mein Ich.
Ich steh vor meinem Grab,
und frage wieso ich starb?

Vorbei und beendet,
vom Schicksal geblendet.
Verloren, vergessen,
der Stich hat gesessen.
Alles was ich kriege,
is das Lied der toten Liebe.
Alles was ich kriege,
ist das Lied der toten Liebe.

Ich habe eine dreijährige Beziehung beendet. Das ist meine Art damit fertig zu werden. Am Anfang war es nicht leicht, denn man wirft drei Jahre nicht einfach weg, aber es war die richtige Entscheidung. Jeden Tag werden Beziehungen beendet, es fällt einem nie leicht jemanden zu verlassen den man mal geliebt hat, aber es ist der Lauf des Lebens. Doch das Leben geht weiter und man weiß nie was die Zukunft bringt. „Das Lied der toten Liebe" ist ein Text der sich jedenfalls mit dem Ende einer Beziehung beschäftigt. Traurig aber es ist wie es ist.

böhse onkelz

25 Jahre haben sie uns begleitet,
25 Jahre lang haben sie die Welt gespaltet.
Wir verloren uns in der Hysterie,
Zusammen haben wir getanzt, geweint und gelacht
Über ihre Songs haben wir stets nachgedacht.
Jahrzehnte sangen wir die gleichen Leider,
Im nächsten Leben sehen wir uns wieder!!!!!

Die Böhsen Onkelz bestimmten unser Leben,
Die Onkelz haben uns soviel gegeben.
So viele Texte, so geile Zeilen
sie werden immer in unserem Herzen bleiben.
Die 4 aus Frankfurt wurden uns gesandt,
und dann versüßten sie unser Land!

Und dann kam der ominöse Tag X
Wir hatten Angst vor dem Ende
Die Hoffnung war vergebens auf eine Wende!
Ihr habt geweint, wir haben geweint
von da wussten wir, wir sind vereint!
Wir sind stolz, sprachlos, stumm
Wir sind dankbar, ein teil zu sein,
von eurem Imperium!

Die Böhsen Onkelz bestimmten unser Leben,
Die Onkelz haben uns soviel gegeben.
So viele Texte, so geile Zeilen
sie werden immer in unserem Herzen bleiben.
Die 4 aus Frankfurt wurden uns gesandt,
und dann versüßten sie unser Land!

Vielen Dank für ne geile Zeit,
es musste so kommen, es war soweit,
Von Bomberpilot bis Der Himmel kann warten
eure Lieder spiegelten wieder,
unsere Lebenssparten!!

Die Böhsen Onkelz bestimmten unser Leben,
Die Onkelz haben uns soviel gegeben.
So viele Texte, so geile Zeilen
sie werden immer in unserem Herzen bleiben.
Die 4 aus Frankfurt wurden uns gesandt,
und dann versüßten sie unser Land!

Danke für Alles!!!!
Die Onkelz haben uns soviel gegeben.
Die Onkelz haben uns soviel gegeben.
Die Onkelz haben uns soviel gegeben.

Es war der Sommer 2005, genauer gesagt der 17.06. und 18.06. 120.000 Fans versammelten sich auf dem Lausitzring um der besten Band einen einmaligen Abschied zu bereiten. Die Onkelz sind ein Teil meinem Leben und ich denke es ist nicht zu weit aus dem Fenster gelehnt, wenn ich sage, das es ihnen zu verdanken ist das ich Texte schreibe. Die Musik, das Gefühl, es war einfach wunderbar. Ihre Konzerte fehlen mir heute viel mehr als das ich es zugeben kann. Damals war mir noch nicht ganz klar was dieses Karriereende für mich aber auch für die tausenden von Fans bedeutet. Ich hab mich damals dann nochmals damit auseinander gesetzt und spätestens seit der Veröffentlichung ihrer letzten DVD war mir klar, ich muss was auf Papier bringen um mich in irgendeiner Form zu bedanken. Am besten bei jedem einzelnen. Kevin, Gonzo, Pe und Stephan haben was Großes erreicht und sie können stolz darauf sein. Besonders darauf wie der Fanzusammenhalt auch drei Jahre nach dem Ende der Karriere noch ist. Danke für Alles, ihr wart und seit die geilsten und werdet immer in meinem Herzen bleiben. Danke das ich sowas erleben durfte. DANKE!

Weil der Wind Dich trägt

Ich spüre deinen Atem,
deine Liebe und dein Sein.
Erklären kann ich's nicht,
ich fühle dich,
doch seh' ich dich nicht.
Ist es schon so spät,
weil der Wind dich trägt.

Doch der Wind drehte schnell,
und die Zeit war auf und davon.
Ein letzter Gruß blieb mir verwehrt,
ein letztes „Danke" hätte dich geehrt.
Doch du bist noch immer da,
ich spür wie du deine Hand auf meine legst.
Ich spüre deine Nähe,
weil der Wind dich trägt.

Was kann ich tun?
Dein Spirit in mir tragen,
mit ihm leben,
und ihn weiter geben.
Doch er verursacht nur Schmerz,
und die Erinnerung kehrt zurück.
Sie rammt mir nen Dolch in mein Herz.

Doch der Wind drehte schnell,
und die Zeit war auf und davon.
Ein letzter Gruß blieb mir verwehrt,
ein letztes „Danke" hätte dich geehrt.
Doch du bist noch immer da,
ich spür wie du deine Hand auf meine legst.
Ich spüre deine Nähe,
weil der Wind dich trägt.

Jetzt kann ich nochmal Danke sagen.
Vergesse die Trauer,
will mich nicht beklagen.
Wir werden uns wiedersehen,
im nächsten Leben,
was kann es schöneres geben?

Doch der Wind drehte schnell,
und die Zeit war auf und davon.
Ein letzter Gruß blieb mir verwehrt,
ein letztes „Danke" hätte dich geehrt.
Doch du bist noch immer da,
ich spür wie du deine Hand auf meine legst.
Ich spüre deine Nähe,
weil der Wind dich trägt.

Es wird mich mein Leben lang begleiten und doch versuche ich nicht in Tränen auszubrechen, was bei diesem Thema extrem schwer ist. 9 Jahre ist es nun her als meine Großmutter von uns gegangen ist. Ich hab diesen Anlass genommen und diesen Text geschrieben. Es hilft mir den Schmerz zu verdauen oder zu vergessen. Jedesmal wenn ich traurig bin denke ich an sie. Jedesmal wenn ich lache, weiß ich sie lacht mit mir. Wenn ich traurig bin, dann weiß ich das sie mich tröstet. Ich weiß sie ist nicht mehr da, doch für mich ist sie näher als alles andere. Ich kann sie manchmal vor mir sehen, auch wenn es nur eine Illusion ist, gibt sie mir Kraft alle schwierigen Phasen zu überwinden. Danke dafür. Es ist mir wichtig, nicht zu vergessen. Ich kann so einen Menschen nicht vergessen, der mit mir durch dick und dünn gegangen ist. Erinnerungen von früher kehren wieder und ich schließe die Augen und denke daran zurück wie ich in der Türkei das schwimmen lernte oder wie ich meinen ersten Urlaub ohne Eltern erlebte. Alles Dinge die in meinem Herzen sind und die ich nie vergessen werden. Weil der Wind Dich trägt.

Freunde fürs Leben

Es ist noch gar nicht lange her
und wir zogen um die Häuser es war nicht schwer
Du glaubst es gar nicht, es war wunderbar!
Doch die Zeit dreht sich weiter, ein Jahr,
Du bist weg aus dieser Stadt.
Du hast es geschafft.
Dein Ziel hast du vor Augen,
Ich kann es kaum glauben
Die Zeit mit dir,
sie fehlt mir!!

Freunde fürs Leben
ein nehmen und geben
immer füreinander da
zusammen sahen wir immer klar
Freunde fürs Leben
sowas wird es nie mehr geben
Wir gehören vereint
doch jetzt bin es ich der weint

Die Zeiten ändern sich
doch vergessen werd ichs nicht.
Wir sehen uns wieder, du wirst sehn
und dann können wir wieder einen Saufen gehn
Doch dieser Gedanke spielt woanders
an einem anderen Ort
ich werd weitergeh'n hinfort
Ich lebe hier, Du lebst dort
Meine Emotion ich muss sie verstecken,
sonst fang ich an Blut zu lecken.

Freunde fürs Leben
ein nehmen und geben
immer füreinander da
zusammen sahen wir immer klar
Freunde fürs Leben
sowas wird es nie mehr geben
Wir gehören vereint
doch jetzt bin es ich der weint

Wunderbare Zeit,
ich war noch nicht bereit.
Sie loszulassen
ich lernte mich zu hassen!
Jetzt bin ich auf der Flucht
Auf der Flucht in meine Sehnsucht.

Freunde fürs Leben
ein nehmen und geben
immer füreinander da
zusammen sahen wir immer klar
Freunde fürs Leben
sowas wird es nie mehr geben
Wir gehören vereint
doch jetzt bin es ich der weint

Es erklingen meine letzten Worte
komm zurück du schöne Zeit
Du kannst sie mir wiedergeben
wir sind Freunde, Freunde fürs Leben

Gute Freunde sind wichtig. Ich hab das Glück einen wirklich guten Freund zu haben, mit dem ich über alles reden kann. Seit 7 Jahren kennen wir uns nun und haben schon eine Menge durchgemacht. Nach dem er Berlin verlassen hat, ist er kontakt nie Abgebrochen. Sicher war es nicht mehr wie früher, aber wir waren und sind immer noch füreinander da. Es gibt wenig Leute denen ich mich voll anvertrauen kann, aber ihm kann ich alles erzählen. Wir lachen zusammen und weinen zusammen. Scheiße bauen gehörte sicherlich mit dazu. Ob wir blau machten oder andere Geschichten. Highlight für uns war Sommer 2005 Mallorca. Genau der Zeitraum wo ich mit dem Schreiben begann. Jeder Tag wa ne große Party und wir haben soviel erlebt. Saufen Saufen und naja den rest denk ich mir jetzt mal. Denke Christian, dass du da bist. Möge unsere Freundschaft auch weiterhin Bestand haben.

Danksagung

Ich möchte mich in erster Linie bei ihnen als Leser bedanke, das sie sich die Zeit genommen haben diese Texte zu lesen. Ich habe mir Texte herausgesucht und dazu meine Eindrücke geschildert, oder was die Beweggründe waren ihn zu schreiben und was mich mit ihm verbindet. Jeder hat seine eigene Geschichte ob schön oder traurig.

Ich möchte mich an dieser Stelle auch bei einigen bedanken:

Detlef, Manuela, Christina, Samantha, Nicole, Vanessa, Hans, Rolf, Brigitt (Die Familie die immer für mich da ist), Matthias, Sonja, Alex (Freunde die ich nicht missen möchte), Max (Die kleine Flohschleuder hab ich auch ziemlich gerne), böhse onkelz (Die geilste Band der Welt), Stephan Weidner (Dafür das du es immer wieder schaffst deine Fans mit Musik zu beglücken und mir damit geholfen hast, den Weg zum schreiben zu finden.) Christian D. (Dafür das du mit einer der besten bist die ich je getroffen habe. Alles was wir tun, tun wir zusammen. Ich bin für dich da und ich weiß dass du es auch bist. Danke dafür. Das nächste Bier ist schon kalt gestellt.) Last but not least:

Irmgard (Meine Großmutter)
Ich widme Dir dieses Band von ganzem Herzen und möchte noch mal Danke sagen. Dafür das du mit mir durch die schwerste Phase meines Lebens gegangen bist.

Euer

Herstellung und Verlag:
Books on Demand GmbH, Norderstedt
ISBN 978-3-8370-6973-0